INSTITUT IMPÉRIAL DE FRANCE.

ACADÉMIE DES SCIENCES.

INAUGURATION DU MONUMENT

ÉLEVÉ A LA MÉMOIRE

DE FRANÇOIS ARAGO

A ESTAGEL (PYRÉNÉES-ORIENTALES)

Le 31 août 1865.

PARIS,
TYPOGRAPHIE DE FIRMIN DIDOT FRÈRES, FILS ET Cⁱᵉ,
IMPRIMEURS DE L'INSTITUT IMPÉRIAL, RUE JACOB, 56.

M DCCC LXV.

INSTITUT IMPÉRIAL DE FRANCE.

ACADÉMIE DES SCIENCES.

INAUGURATION DU MONUMENT
ÉLEVÉ A LA MÉMOIRE
DE FRANÇOIS ARAGO
A ESTAGEL (PYRÉNÉES-ORIENTALES)

Le 31 août 1865.

DISCOURS
DE M. BERTRAND
MEMBRE DE L'ACADÉMIE.

Prononcé au nom de l'Académie des Sciences.

Les cimes élevées de la science sont inaccessibles au grand nombre, mais elles ne sont pas toujours entourées de nuages, et les savants les plus illustres, parvenus au terme de leur gloire, peuvent sans s'abaisser se montrer à la foule et s'en faire entendre.

Tous ne l'ont pas tenté. Soit dédain, soit impuissance, on a vu de grands génies, satisfaits d'un petit nombre de disciples, laisser au temps le soin de faire fructifier leur œuvre et de la répandre. D'autres, au contraire, non moins grands et en même temps plus humains, n'oublient jamais que la vérité est un bien commun ; ils acquièrent, en exposant leurs propres travaux, l'autorité nécessaire pour répandre ceux des autres et pour les juger. Leur grande voix, religieusement écoutée, émeut alors par son éloquence et par le prestige d'un nom aimé tout ensemble et d'une gloire acceptée de tous.

Tel était François Arago.

Né à Estagel, le 26 février 1786, il apprit à lire à l'école primaire de son village. Cette première éducation, complétée par quelques leçons de musique, ne révéla ni la force ni la précocité de son esprit. Arago n'était pas cependant un enfant ordinaire. En 1793, la haine de l'étranger le rendait déjà patriote ; l'invasion de sa province par les Espagnols avait fait naître en lui une vive irritation ; un jour, après une bataille perdue à Peirestortes, cinq fuyards espagnols traversaient son village. Le jeune François, qui les vit arriver, courut bien vite s'armer d'une lance oubliée chez lui par un soldat, et, s'embusquant au coin d'une rue, frappa de la pointe le conducteur du peloton. C'est la seule fois que la colère d'Arago se soit acharnée sur un ennemi vaincu ; il était alors âgé de sept ans.

Le père d'Arago, nommé trésorier de la monnaie, alla résider à Perpignan, et le jeune François devint élève externe du collége de cette ville. Il était fort assidu aux jeux des enfants de son âge, et ses études en souffraient un peu ; la lecture des classiques français, qui eut toujours pour lui un irrésistible attrait, ne lui causait pas de moindres distractions. Peu capable d'ailleurs de discipline, il négligeait décidément les thèmes et les versions, lorsqu'il apprit par hasard qu'un jeune homme studieux pouvait sans aucune recommandation entrer à l'École polytechnique et y gagner rapidement l'épaulette. Se procurant aussitôt le programme d'examen, il commença à se préparer seul. Excité bien plus qu'effrayé par la difficulté d'une telle tâche, son esprit actif et désireux de savoir se plongea dans les études scientifiques avec autant de plaisir que d'application et de succès. Dès qu'il eut atteint l'âge réglementaire de seize ans, Arago partit sans crainte pour concourir à Montpellier; mais l'examinateur, tombé malade à Toulouse, retourna à Paris sans achever sa tournée. Le jeune candidat dut attendre l'année suivante, et fut reçu le premier.

La science lui fit bien vite oublier le désir de devenir officier. Conseillé par Poisson, et affectueusement accueilli par Laplace, il quitta l'école avant la fin de la seconde année pour devenir secrétaire du bureau des longitudes. Biot en était membre. Reconnaissant la portée d'esprit et la puissance d'invention de son jeune collègue, il s'empressa de s'adjoindre, dans ses recherches sur la puissance réfractive des gaz, un collaborateur de si grande espérance. Bientôt après, et suivant le conseil de Laplace, il lui proposa de continuer en commun les travaux géodésiques de Méchain en Espagne et de reprendre l'entreprise interrompue de la détermination exacte du mètre, en complétant le réseau de triangles qui devait servir à la mesure du degré terrestre.

L'influence de Laplace écarta toutes les difficultés. Les deux jeunes savants partirent munis d'un sauf-conduit anglais pour leurs opérations nautiques, et accompagnés d'un astronome espagnol, M. Rodriguès, que le gouvernement de

Charles IV associait à leur entreprise. Les difficultés étaient grandes; leur prédécesseur, Méchain, était mort à la peine en désespérant du succès. Ils ne se proposaient rien de moins, en effet, que de prolonger la méridienne jusqu'à l'île d'Iviça, qu'il fallait rattacher au continent par un triangle dont les côtés dépasseraient quarante lieues ; rien de pareil n'avait encore été tenté. Arago, Biot et Rodriguès se partagèrent le travail. L'astronome espagnol, installé sur un pic désert et aride, fut chargé d'entretenir toutes les nuits plusieurs lampes toujours allumées, pendant, qu'à quarante lieues de là, Biot et Arago, vivant rudement sous une tente dressée au *desierto de las Palmas*, épiaient le brillant fanal pour en déterminer la direction. La courbure de la terre, dont ils avaient calculé l'influence, ne devait pas être un obstacle ; mais la vue pouvait-elle s'étendre à une telle distance? La science et l'habileté n'y pouvaient rien, et c'était par conséquent le point le plus incertain de leur tâche. Leur patience persévérante renouvela soixante nuits de suite des essais sans résultats; l'entreprise semblait impossible; avant d'y renoncer cependant, après deux mois de veilles et d'inquiétudes, ils firent une dernière et heureuse tentative. Par une belle soirée de décembre, l'absence de la lune promettant une nuit profondément obscure, ils promenèrent lentement leur lunette le long de l'horizon de la mer, jusqu'à ce qu'elle rencontrât les montagnes d'Iviça, et, choisissant la plus haute, la plus découverte, celle dont l'aspect et la forme rappelaient davantage la station adoptée par Rodriguès, ils dirigèrent vers elle la lunette en la maintenant immobile jusqu'au moment où la nuit fut devenue tout à fait sombre ; ils regardèrent alors et aperçurent un point lumineux que son immobilité seule distinguait des étoiles de sixième grandeur. La voie était désormais assurée, et, quoiqu'il restât encore bien des obstacles à éviter, la certitude du succès leur donna courage et patience.

Biot retourna bientôt à Paris rapporter les premiers résultats et les calculer, tandis que l'infatigable et ardent Arago restait à Formentera, lieu de leur dernière station, pour recueillir les derniers chiffres et recommencer les mesures incertaines ; mais, au milieu de ces pénibles travaux, il dirigeait plus haut ses pensées et méditait déjà des œuvres plus originales, sinon plus importantes et plus grandes.

Ne pouvant observer que la nuit, c'est par l'étude des théories les plus difficiles qu'il se délassait pendant les longues heures du jour. L'*Optique* de Newton composait toute sa bibliothèque ; il la relisait sans cesse, et, nourrissant son esprit par la méditation longue et continue de cette belle série d'expériences, il se préparait excellemment à les prendre pour modèle ; mais il détachait cependant les faits de toute interprétation préconçue assez complétement pour pouvoir peu de temps après adopter la doctrine contraire à celle de Newton sans avoir rien à désapprendre.

Les correspondances étaient alors lentes et difficiles. Arago, tout entier à ses travaux, ne recevait que de bien rares nouvelles de sa famille, et, ne sachant rien de la situation politique, connaissait à peine les entreprises dont l'Europe était déchirée. Cependant l'Espagne, envahie par nos troupes, se soulevait tout entière contre l'étranger, et le sentiment populaire s'exaltait chaque jour davantage contre tout ce qui portait le nom de Français. L'hostilité secrète qui, sous une apparente courtoisie, avait accueilli jusque-là ses paisibles travaux, se changeait en une haine profonde et de plus en plus menaçante. Tourmenté, mais non abattu par tous ces troubles, Arago continua son travail sans se détourner ni se ralentir, recommençant même avec une grande liberté d'esprit les observations qui lui semblaient douteuses, et, prenant diligemment ses dernières mesures, il ne songea à gagner Barcelone, alors occupée par les Français, qu'après les avoir portées à leur dernière perfection. Mais ses démarches étaient surveillées. Pour se dérober aux insultes, peut-être même pour sauver sa vie, il dut demander un refuge dans la prison de l'île. Des appréhensions cruelles et des inquiétudes bien fondées le poursuivirent jusque dans cet asile. La rage capricieuse de la populace se ranimait à chaque instant et, semblable à un feu mal éteint, pouvait s'enflammer d'un moment à l'autre et se porter aux derniers excès. Les journaux de la province annonçaient avec une barbare indifférence la mort de trois cents Français, immolés sur la place publique de Valence, et livrés comme par spectacle à la pique des toréadors. Peu de jours après, Arago pouvait lire la fausse nouvelle de son propre supplice et les dernières paroles de l'astronome Arago, pendu comme espion de la France. Encore que le directeur de la prison fût incapable de livrer un innocent à la populace furieuse de l'île, il était désarmé et sans force pour la réprimer, et la vie du prisonnier volontaire était en grand péril. Une telle situation ne pouvait se prolonger; Arago, aimant mieux être noyé que pendu, se confia à quelques hommes dévoués qui, sur une barque à demi pontée, le conduisirent à Alger, d'où il put quelques mois après s'embarquer pour la France; mais, dans ces tristes temps, la mer n'était sûre pour personne : le navire fut rencontré par des corsaires espagnols et jugé de bonne prise. Arago, conduit sur la côte d'Espagne, se garda bien d'avouer sa qualité de Français. Après avoir bravé par son silence et mystifié par ses réponses dérisoires les ridicules représentants de l'autorité espagnole, il fut soumis aux plus mauvais traitements. Un jour, des soldats armés se présentèrent devant le moulin où il était enfermé avec ses compagnons d'infortune. Toute résistance était impossible. Les prisonniers demandèrent ce qu'on voulait faire d'eux. — « Vous ne le verrez que trop tôt, » répliqua l'officier espagnol. « En analysant les sensations éprouvées en présence d'une mort qui semblait si certaine et si proche, je suis arrivé, dit Arago, à me persuader qu'un homme qu'on conduit à la mort n'est pas aussi malheureux qu'on l'imagine. » Ce qui l'émouvait le plus profondément était la vue des Pyrénées, dont il apercevait distinctement les pics, et qu'à ce moment suprême, sa mère, de l'autre côté de la chaîne, pouvait regarder paisiblement. Le bâtiment capturé portait heureusement deux lions envoyés par le dey d'Alger à l'empereur des Français. L'un d'eux avait péri, et Arago trouva moyen d'en informer le dey qui, transporté de fureur, menaça l'Espagne de la guerre. L'Espagne avait alors trop d'embarras pour ne pas en éviter de nouveaux ; ordre fut donné de relâcher le bâtiment et les passagers. Arago était libre enfin et ses malheurs semblaient terminés. On fit voile vers Marseille, mais les vents contraires le repoussèrent au moment où il apercevait la France, pour le jeter, le 5 décembre 1808, sur la côte de Bougie. Malgré de nombreuses difficultés, et en bravant de grands dangers, il se rendit par terre à Alger, où il arriva le 25 décembre 1808 ; mais il ne put s'embarquer que six mois après, le 21 juin 1809, et débarqua enfin à Marseille le 1er juillet.

Le bureau des longitudes et l'Académie des sciences apprirent avec une grande joie son retour, que l'on n'espérait plus. Qui pourrait dire les transports de sa mère? Arago, dans un jour de dénûment et d'extrême besoin, s'était trouvé forcé de vendre sa montre; son père, peu de temps après, l'avait vue entre les mains d'un officier espagnol prisonnier qui, l'ayant achetée d'un marchand, ne put donner aucun renseignement; sa tendresse éperdue ne donna plus bornes à ses craintes, et Mme Arago, dans son inconsolable douleur, avait fait dire bien des messes pour celui qu'elle n'espérait plus revoir; elle en fit dire de nouvelles pour célébrer son retour. Arago, comme on le pense, se rendit tout d'abord à Perpignan, mais il avait hâte aussi de revoir Paris ; et, après quelques jours donnés à sa famille, il revint déposer au bureau des longitudes et à l'Académie des sciences les observations heureusement conservées au milieu des périls et des tribulations de sa longue campagne. Le succès d'une œuvre si difficile, acheté avec une si longue patience, par tant de fatigues et de dangers, donna au nom d'Arago une juste et précoce célébrité; la science avait contracté envers lui une dette qu'elle ne tarda pas à acquitter. Peu de mois après son retour, à l'âge de vingt-trois ans, Arago fut nommé membre de l'Académie des sciences. Le célèbre géomètre Poisson, alors âgé de vingt-huit ans et déjà professeur à l'École polytechnique, n'obtint que quatre voix. Arago justifiait surtout, il faut l'avouer, cette flatteuse préférence et cet honneur si précoce, par la haute opinion qu'il avait su inspirer de la force de son esprit; il fut nommé pour les travaux qu'on attendait de lui, plus encore que pour ceux qu'il avait accomplis. Laplace voulait faire ajourner l'élection, en réservant la place vacante pour stimuler l'ardeur des jeunes gens; une plaisanterie du médecin Hallé triompha de son opposition : « Vous me rappelez, lui dit-il, un cocher qui attachait une botte de foin à l'extrémité du timon de sa voiture; les pauvres chevaux s'épuisaient en vains efforts pour atteindre cette proie qui fuyait toujours, et c'était pour eux un très-mauvais régime. »

La comparaison parut juste, et Laplace, se rendant enfin, vota pour Arago, qui sur 52 votants obtint 47 suffrages.

Le jeune académicien ne tarda pas à justifier cette récompense inespérée, par de nouveaux et excellents travaux. Quoique membre du bureau des longitudes et de la section d'astronomie, ses premières recherches semblent éloignées de l'étude des astres; elles sont relatives à l'optique, et la part qu'il a prise aux immenses progrès apportés par notre siècle à cette branche de la science est un des titres les plus éclatants et les moins contestés d'Arago.

Comment se forme un rayon de lumière? Quelle en est la nature et la composition? Par quel mécanisme met-il un point lumineux en communication avec notre œil? Ne sont-ce pas là des questions primordiales et irréductibles auxquelles on doit ramener les autres sans espérer de les éclaircir elles-mêmes, et qui, dépassant les bornes de l'esprit humain, semblent avoir le malheureux privilége d'être éternelles? Deux théories bien différentes, recommandées par les grands noms de Newton et d'Huyghens, partageaient cependant, au commencement de ce siècle, les physiciens et les géomètres. Les corps lumineux, suivant Newton, envoient incessamment dans toutes les directions, et avec une vitesse immense, des particules qui, en pénétrant dans l'œil, produisent le phénomène de la vision. Suivant Huyghens, au contraire, aucun corps n'est lumineux par lui-même; il est fait tel par les vibrations de ses molécules, et ne perd en brillant aucune partie de sa substance; le mouvement des particules ébranlées se communique incessamment à un fluide élastique et subtil dont les agitations nous apportent la lumière, comme celles de l'air nous transmettent le son. Les phénomènes de la réflexion et de la réfraction s'expliquent également bien dans les deux théories, sans, par conséquent, donner prise à aucune conclusion précise, et les détails les plus minutieux sont, comme l'a souvent répété Arago, la seule et véritable pierre de touche pour dégager une théorie exacte et définitive des vagues et douteuses conjectures qui lui donnent naissance. Le raisonnement doit reproduire en quelque sorte la nature en montrant, dans la diversité infinie des effets, les conséquences d'un principe unique, et sans s'arrêter à une ressemblance ébauchée, égaler, surpasser même la précision des expériences les plus délicates. Aucune épreuve n'est inutile, aucune ne doit être négligée et le moindre désaccord qui vient dissoudre l'harmonie peut, par une seule contradiction, ébranler et ruiner l'édifice. Le succès des expériences les plus variées, successivement et complétement prévues par la théorie, est la seule marque de la vérité et le fondement de la certitude.

Le nom d'Arago est glorieusement mêlé à l'histoire des travaux qui, depuis le commencement du siècle, ont donné à la théorie des ondulations cette dernière et haute perfection ; et son ingénieuse curiosité, en révélant tout d'abord des phénomènes brillants et inattendus, devait fournir l'occasion de quelques-unes des démonstrations les plus décisives.

Il n'est pas nécessaire d'être physicien pour distinguer trois choses dans un rayon de lumière : la couleur, l'intensité et la direction dans laquelle il se propage. Deux rayons pour lesquels ces trois éléments sont les mêmes sont identiques pour nos yeux. Mais, quoique la vue soit le plus clair et le plus distinct de nos sens, les véritables yeux du sage sont, comme dit l'Ecclésiaste, dans sa tête, et les physiciens, en y regardant de plus près, sont parvenus à établir, suivant les cas, entre les rayons de même apparence, des différences essentielles. Supposons, par exemple, que deux rayons se dirigent parallèlement du haut en bas suivant deux directions verticales ; il peut se faire qu'un même miroir, leur étant présenté à tous deux, réfléchisse le premier en éteignant le second ; qu'un même cristal parfaitement transparent laisse passer l'un et arrête l'autre tout à coup, en devenant pour lui complétement opaque. Le même cristal et le même miroir, présentés autrement, donneraient des effets inverses et éteindraient le premier rayon en laissant subsister le second ; on peut voir, en effet, un même rayon tomber sur le même miroir, avec lequel il fait constamment le même angle, être réfléchi ou éteint, suivant que le plan dans lequel il devrait se réfléchir est situé de telle ou telle manière. Le rayon vertical dont nous parlons pourra, par exemple, se réfléchir vers l'est et sera brusquement éteint dès qu'on cherchera à le renvoyer vers le nord. Il n'a pas la même manière d'être par rapport à tous les plans que l'on peut conduire par sa direction ; il est *polarisé* suivant l'un d'entre eux, qui est celui dans lequel il ne peut pas se réfléchir, et il se distingue ainsi par un caractère propre et singulier de tous ceux qui, suivant les mêmes directions, seraient polarisés dans un autre plan, ou ne le seraient pas du tout.

C'est à Malus qu'est due cette grande découverte, aperçue déjà cependant en partie par Huyghens. Arago en avait été extrêmement frappé, et, familiarisé comme il l'était avec les résultats de l'*Optique* de Newton, il fut naturellement conduit à se demander quelle modification devait y apporter l'intervention d'une considération si nouvelle. Il étudia dans un premier mémoire la coloration produite dans les lames minces, ou autour du point de contact de deux verres légèrement courbés, en portant surtout son attention sur la polarisation des rayons dont on n'avait jusque-là examiné que la couleur.

Arago fait connaître dans son mémoire un grand nombre de faits curieux et habilement choisis; mais, n'en apercevant pas la véritable explication, le jeune académicien a la prudence et l'excellent esprit de n'en proposer aucune. A la même époque, et sur des questions toutes semblables, son confrère Biot se montra moins réservé et n'eut pas à s'en applaudir. Le travail d'Arago est d'ailleurs complet et définitif sur les points qu'il a abordés, et les faits les plus propres à éclaircir le grand problème y sont choisis avec un tact bien remarquable et exposés avec une rare précision. Le mémoire sur la polarisation colorée, présenté à l'Académie le 11 août 1811, contient des expériences non moins précieuses sur la théorie qu'elles sont singulières et brillantes. La distinction entre les rayons polarisés et ceux qui ne le sont pas semblait la seule qu'il y eût à faire entre deux rayons de lumière blanche. Arago, dans ce nouveau mémoire, obtient, par des expériences simples et faciles à répéter, des rayons dont les propriétés intermédiaires les distinguent et les rapprochent à la fois des uns et des autres. Un rayon de lumière préalablement polarisé par l'une des méthodes antérieurement connues est reçu sur une plaque de cristal de roche taillée, cela est essentiel, perpendiculairement à l'axe du cristal. En sortant de cette lame il ne possède plus les propriétés de la lumière polarisée, et, quelle que soit la position d'un cristal de spath d'Islande qu'on lui présente, il donne toujours lieu à deux rayons réfractés. Il se distingue cependant d'une manière bien remarquable de la lumière ordinaire, car les deux images, au lieu d'être blanches, sont colorées des plus vives couleurs qui varient avec la position du cristal. Si l'une des images est rouge, l'autre est verte, et, quand on tourne le prisme, on voit les deux teintes changer graduellement en restant toujours *complémentaires*, jusqu'à ce que, le premier devenant à son tour du plus beau vert, l'autre soit en même temps du rouge le plus franc.

Les rayons polarisés, après avoir traversé une plaque de cristal de roche, présentent une autre propriété bien remarquable : en se réfléchissant sous un angle convenable sur un miroir de verre, ils acquièrent de brillantes couleurs qui, variables avec la position du miroir, se succèdent dans le même ordre que celles du spectre. Cette belle et brillante expérience ouvrait un champ nouveau aux travaux des physiciens, et des propriétés semblables à celle du cristal de roche, obtenues sur d'autres cristaux, sur des liquides, et même sur des gaz, ont conduit à la théorie si importante et si riche en applications de la rotation des plans de polarisation.

Arago lui-même en fit tout d'abord une belle application en construisant l'ingénieux instrument nommé polariscope, au moyen duquel on peut constater dans un faisceau de lumière les moindres traces de polarisation partielle. L'interposition d'une plaque de cristal de roche sur le trajet d'un rayon ordinaire ne produit, en effet, aucun phénomène de coloration, et, lorsque dans l'instrument un rayon blanc fournit une image colorée, c'est un indice certain de polarisation totale ou partielle. L'utilité d'un tel caractère est considérable, et Arago lui-même en a fait ou indiqué de nombreuses et importantes applications, parmi lesquelles ses ingénieuses considérations sur la nature du soleil doivent être citées au premier rang. Arago reconnut d'abord que la lumière qui émane sous un angle suffisamment petit, de la surface d'un corps solide ou d'un liquide incandescent, offre des traces évidentes de polarisation et se décompose dans le polariscope en deux faisceaux colorés. La lumière émise par une substance gazeuse enflammée est toujours, au contraire, à l'état naturel.

Or, en observant le soleil à une époque quelconque de l'année, on n'aperçoit aucune coloration au polariscope, et par conséquent Arago regarde la preuve comme certaine, et elle a été généralement admise : la substance enflammée qui dessine le contour du soleil est gazeuse; la surface tout entière l'est donc aussi, puisque chacun de ses points, par le fait de la rotation, vient successivement se placer sur les bords.

Ces travaux attirèrent vivement l'attention des physiciens et placèrent le jeune Arago au nombre des membres éminents de l'Académie. Accessible et communicatif comme il le fut toujours, il devint bien vite le conseil et le guide de tous les jeunes physiciens. Un tel rôle convenait à sa généreuse nature. Toute idée grande et juste excitait ses applaudissements, et, sans réserve comme sans arrière-pensée, il s'y associait de tout cœur. L'illustre Fresnel, alors ingénieur des ponts et chaussées à Rouen, et complétement inconnu dans la science, vint après bien d'autres lui confier ses projets et le résultat de ses réflexions solitaires, en s'enquérant de l'origine et des progrès récents de la théorie des ondulations, dont son esprit sagace pressentait le prochain triomphe. Arago comprit immédiatement l'étendue et la portée de ses conceptions, et l'importance des premières vues, qui devaient être le point de départ de tant de travaux immortels. Il devint bientôt le confident et l'ami de Fresnel, et, lui signalant seulement les belles dissertations de Thomas Young sur le même sujet, l'encouragea de toutes ses forces à suivre ses propres idées. Fresnel, dans sa brillante et courte carrière, dépassa bien vite tous ses émules. Admirateur passionné des travaux de son ami, Arago redoubla pour lui de bonté et de dévouement. Après avoir assisté en quelque sorte à la conception de ses mémoires, il fut chargé par l'Académie de les examiner : non content de rendre témoignage à leur exactitude, il en proclama avec bonheur toute l'importance. Il osa même combattre l'opposition de Laplace, et, sans se laisser ébranler par l'autorité d'un si grand nom, opposer à sa préférence bien connue pour le système de l'émission, des raisonnements décisifs et sans réplique. Le rapport d'Arago, modèle de méthode et de clarté, ramena les plus récalcitrants. Fresnel obtint le grand prix de mathématiques, et sa théorie, tenue désormais pour exacte et définitive, lui valut les applaudissements de tous les physiciens géomètres.

La voix d'Arago savait se faire entendre au-delà du monde académique; la réputation de Fresnel fut bientôt, grâce à lui, égale à son mérite, et l'administration des ponts et chaussées se hâta d'appeler à Paris un homme qui devait être une des gloires de notre époque. Bientôt après les portes de l'Académie s'ouvrirent pour lui, à l'âge de trente-cinq ans, et il fut nommé à l'unanimité des suffrages le 12 mai 1823.

L'explication des premières et belles expériences d'Arago était à la fois une conséquence des travaux de Fresnel et l'un des fondements de son édifice; les deux amis, sur un tel sujet, ne pouvaient manquer de mettre leurs idées en commun. On doit à leur collaboration une des expériences qui jettent le plus de jour sur le mécanisme des ondulations lumineuses.

Thomas Young a fait connaître et expliqué le premier le phénomène si étrange des interférences : lorsque deux rayons de lumière, provenant d'une même source, se rencontrent après avoir suivi des chemins différents, ils peuvent, suivant la différence de longueur des chemins qu'ils ont parcourus, s'ajouter en accroissant mutuellement leur éclat ou s'éteindre au contraire l'un par l'autre en faisant naître l'obscurité au sein même de la lumière. Les conclusions de cette expérience, très-nette et très-facile à répéter, ne laissent subsister aucun doute. Arago et Fresnel, ayant eu l'idée de polariser les deux rayons dans des plans différents, reconnurent, non sans étonnement, que, quelle que soit la différence de marche, la destruction annoncée et montrée par Thomas Young cesse alors complétement. Les mouvements de l'éther ne pouvant plus, dans ce cas, se détruire même partiellement, il faut en conclure, suivant Fresnel, qu'ils n'ont pas lieu dans la même direction ; l'illustre physicien osa même affirmer que les vibrations qui produisent la lumière se font perpendiculairement au rayon et dans le plan même de polarisation. Arago n'admit pas immédiatement l'évidence d'une telle preuve, mais la belle expérience lui appartient et c'est assez pour que son nom, attaché à celui de Fresnel, partage à jamais sa gloire.

La pile de Volta, découverte au commencement de ce siècle, avait excité la vive et légitime admiration de tous les hommes de science. Mais, après les beaux travaux de Davy, de Gay-Lussac et de Thénard, elle semblait appelée à perfectionner la chimie plus encore que la physique. Une heureuse observation vint ramener l'esprit des physiciens vers ces grands et mystérieux phénomènes. OErsted montra, en 1820, qu'un courant électrique attire ou repousse une aiguille aimantée avec une énergie dont les lois fort complexes parurent d'abord enveloppées de difficultés impénétrables. Leur recherche était un beau problème qui s'imposait aux physiciens ; et beaucoup se mirent à l'œuvre. Ampère seul atteignit le but. Après s'être placé à côté d'OErsted par la découverte d'un fait nouveau et important, celui de l'action mutuelle des courants, son rare et admirable génie, soutenu et guidé par une science profonde, sut en faire une œuvre d'une tout autre excellence et remonter jusqu'au principe en assignant la loi élémentaire de ces actions complexes, pour redescendre ensuite aux conséquences les plus minutieuses et les plus précises. La théorie des aimants se trouva rattachée elle-même à celle des courants par des vues si plausibles et si belles que, sans être susceptibles de preuves rigoureuses et précises, elles entraînent, malgré leur hardiesse, une irrésistible conviction. Le mémoire d'Ampère est l'une des plus admirables productions de la science moderne, et le fondement de l'édifice le plus vaste et le plus achevé peut-être que la philosophie naturelle ait produit depuis Newton.

Toute œuvre grande et belle avait pour Arago un charme incontestable, et aucun sentiment d'envie n'effleurait jamais sa grande âme; il éleva la voix sans hésiter pour signaler et vanter cette nouvelle source de découvertes et de travaux, et, toujours prêt à servir la science, il prêta la main à Ampère comme il l'avait fait à Fresnel, en se montrant cette fois encore ami dévoué, admirateur judicieux et sincère, ingénieux et utile collaborateur. Sa rare habileté d'expérimentateur, la sagacité ingénieuse de son esprit et la vivacité de son imagination furent mises sans réserve et sans arrière-pensée au service de la théorie nouvelle.

C'est à Arago que l'on doit l'aimantation par les courants, origine première de la télégraphie électrique, et la découverte si curieuse et si inattendue du magnétisme en mouvement. Ces deux belles découvertes sont dues à lui seul, sans qu'Ampère y ait réclamé aucune part.

Le fer, le nickel et le cobalt sont les seuls métaux qui agissent sensiblement sur l'aiguille aimantée. Tout autre métal, le cuivre par exemple, ne la dévie pas d'une manière sensible. Les constructeurs de boussoles croyaient donc, avec grande apparence de raison, pouvoir former avec le cuivre la boîte d'un tel instrument. Cependant une boussole à boîte de cuivre, livrée à Arago par un habile constructeur, ne répondait pas à ses espérances. Malgré la perfection de sa monture, elle se montrait extrêmement peu mobile, sans que les yeux exercés et pénétrants d'Arago y pussent découvrir le moindre défaut. Il entreprit méthodiquement une série d'épreuves, et, comme beaucoup d'autres observateurs attentifs, il trouva bientôt ce qu'il ne cherchait pas. Une importante découverte récompensa son active et patiente curiosité. L'aiguille, qui dans la boîte de cuivre semblait ne se mouvoir qu'avec difficulté, redevenait délicate et sensible lorsque, sans changer sa monture, on la plaçait sur une table de bois, et redevenait de nouveau paresseuse dans son enveloppe de cuivre. Il faut donc bien croire que le cuivre agit sur l'aiguille aimantée en mouvement. Arago n'hésita pas à l'admettre et à en conclure qu'un disque de cuivre en mouvement doit, par une conséquence nécessaire, agir sur l'aiguille en repos. Cette assertion singulière et hardie, aussitôt confirmée par l'expérience, créait une nouvelle branche de la physique, et la révélation de ce nouveau et grand secret de la nature posait le fondement des beaux travaux de Faraday sur l'induction.

Pendant que ces belles découvertes, admirées de l'Europe savante, en faisaient justement attendre de plus grandes encore, le brillant académicien, l'expérimentateur fécond et ingénieux, laissait paraître un nouveau talent qui, chez lui, n'étonna personne. Arago était un incomparable professeur, et les succès éclatants de son enseignement en firent bientôt, aux yeux des gens du monde, le représentant véritable et comme le grand-prêtre de la science. A l'École polytechnique il avait professé tour à tour la géométrie, la théorie des machines, l'astronomie et la physique, en s'astreignant, sans sécheresse et sans vaine subtilité, à la savante et solide rigueur que le jeune auditoire peut supporter et qu'il attend de ses maîtres. Le cours d'astronomie, professé à l'Observatoire au nom du bureau des longitudes, demandait des qualités bien différentes. Au lieu d'approfondir, il fallait effleurer. L'entrée était libre, et si le public, quoi qu'en ait dit Voltaire, mérite toujours d'être instruit, il rend souvent la tâche difficile à ceux qui osent l'entreprendre: les auditeurs, pour la plupart incapables d'une étude lente et profonde, voulaient sans fatigue et sans ennui occuper leurs loisirs pendant une heure ou deux. Il fallait leur mesurer en quelque sorte la vérité, sans exiger d'eux un temps qu'ils ne pouvaient donner et une patience qui leur eût bien vite échappé. L'esprit flexible d'Arago, également capable de descendre et de s'élever, savait éclairer les auditeurs les moins préparés sans cesser de satisfaire les plus doctes C'est en se faisant toujours comprendre qu'il se faisait toujours admirer, et son enseignement, net et lumineux sans être dogmatique, en habituant les gens du monde aux grandes idées scientifiques, a puissamment contribué à leur imprimer le goût des vérités abstraites et sérieuses. Sa parole pénétrante et animée trouvait pour les présenter des traits si naturels et si vifs, les montrait sous un jour si lumineux, proposait si nettement et si distinctement les points essentiels et fondamentaux, qu'on les voyait en quelque sorte à sa voix devenir intelligibles et sensibles à tous. Évitant avec soin les locutions trop techniques, qui auraient pu causer quelque embarras, il se gardait surtout de faire naître les difficultés par un trop grand soin de les prévenir; montrant, avec autant de franchise que de netteté, le point délicat et le nœud de la question, il savait exciter la curiosité de ses auditeurs par la verve de son langage et l'énergie croissante de ses expressions. Sa parole, dont il aurait craint d'affaiblir la vigueur par une trop scrupuleuse correction, s'élançait, irrégulière parfois, mais toujours riche, facile et impétueuse, et, comme irritée par un obstacle, affirmait les grandes vérités de la science avec tant de force, les enchaînait avec tant d'ordre; redoublant incessamment ses efforts, joignait avec tant de précision et d'abondance les affirmations les plus pressantes aux images les plus vives et aux comparaisons les plus persuasives, montrait une émotion si visible et si vraie, que l'auditoire ébloui, charmé, entraîné, captivé et enlevé à lui-même par une sorte de violence, croyait pour quelques instants au moins en avoir acquis l'intelligence et la claire vue. L'impression était produite sur tous, aussi durable que forte. Cette exposition, superficielle en apparence, jetait de profondes racines, et ceux qui pouvaient aller plus avant y puisaient à la fois la confiance et l'ardeur.

Les précieuses notices dont Arago a enrichi l'*Annuaire* du bureau des longitudes, atteignaient le même but et faisaient la science facile et agréable à tous en la laissant exacte et profonde. Arago y révèle un mérite tout nouveau : au grand physicien, au professeur éminent, vient se joindre un historien scientifique du premier ordre. Il n'est pas croyable avec quelle patience il recherche les documents les plus cachés, avec quelle bonne foi et quelle loyauté sagace il les apprécie et sait débrouiller les questions les plus enveloppées. Lorsque ses conclusions sont arrêtées, sa conviction profonde justifie sur les questions controversées la vigueur de sa polémique.

De 1812 à 1845 Arago a composé plus de vingt notices destinées, la plupart, à l'*Annuaire* du bureau des longitudes : la théorie et l'histoire des machines à vapeur, la théorie du tonnerre, la constitution physique du soleil, la scintillation des étoiles, les puits artésiens, ont été tour à tour le sujet de ses recherches approfondies et de ses lumineuses explications.

Dans ces écrits qui seront immortels, le seul but d'Arago est d'instruire. Ce ne sont pas des mémoires qu'il compose, et peu lui importe d'exposer ses propres découvertes. Ne cherchant que la vérité, il la recueille partout où il la trouve; il se l'assimile pour l'élucider en la débarrassant de tout échafaudage technique, et l'expose aux yeux de tous en l'éclairant des lumières de son esprit.

Mais, sans chercher l'originalité, bien souvent encore Arago la rencontre, et des aperçus ingénieux et nouveaux se présentent comme d'eux-mêmes sous sa plume. Il est inutile de citer ces écrits dignes de devenir classiques; tout le monde les a lus ou doit les lire, et je n'aurais pas la hardiesse d'en esquisser ici l'analyse.

Lorsqu'en 1829 la mort de Fourier laissa vacante la place de secrétaire perpétuel pour les sciences mathématiques, l'Académie des sciences, d'accord avec l'opinion publique, pressa Arago de l'accepter. Il réunissait en effet la facile et vive intelligence des travaux les plus divers au jugement prompt et assuré si nécessaire dans un tel emploi. Lui seul hésita quelque temps, mais trente-neuf suffrages obtenus sur quarante-quatre votants le rassurèrent et vainquirent sa résistance.

Arago quitta aussitôt sa place de professeur à l'École polytechnique. Ni les instances flatteuses du ministre de la guerre, ni celles des membres les plus éminents de l'Académie, n'ébranlèrent sa résolution.

Pendant vingt-deux ans et malgré d'autres fonctions sérieusement et activement remplies, l'Académie a trouvé en Arago un lucide et infatigable interprète, en même temps qu'un guide sûr et désintéressé dans les voies les plus hautes et les plus droites.

Le succès de son enseignement public renaissait chaque semaine dans la lecture et le dénombrement exact des travaux adressés à l'Académie. Tout était examiné, analysé, discuté avec autant de science et de sérieuse attention que de vivacité et d'éclat. Dans l'abondance et la diversité de ses pièces, sa perspicacité savait discerner les faits inutiles et les réflexions vagues et superficielles, en s'attachant avec une prompte sagacité à conserver les résultats, les documents et les phrases même, dignes d'intéresser l'Académie. Son intelligence, toujours prête et capable d'éclairer par elle-même, savait également réfléchir une lumière empruntée et se montrer à l'occasion des moindres travaux. Juste et bienveillant pour tous, sans partialité et sans acception de personnes, sa parole hardie et colorée peignait à grands traits les idées d'autrui, et dans le détail des occasions les plus communes on retrouvait l'esprit subtil et perçant, le cœur libéral et généreux qui avait su apprécier si vite et exalter si haut les travaux, les découvertes et les brillantes conceptions de Fresnel et d'Ampère. Apercevant souvent bien des taches, sans y arrêter son attention, il aimait à découvrir les mérites enveloppés et cachés sous une rédaction incomplète ou maladroite, pour leur prêter, avec la vive intelligence des questions les plus obscures, la lumière, l'autorité et la force de sa parole. Ses comptes rendus, considérés comme de véritables jugements, étaient une précieuse récompense pour les savants sérieux qu'il savait animer et soutenir, même en les redressant, sans les décourager jamais. Ami dévoué et protecteur libéral du plus grand nombre, adversaire loyal de quelques-uns, il ne fermait les yeux à aucune lumière; regardant chaque belle découverte avec une égale complaisance, toute idée brillante et nouvelle devenait, quel qu'en fût l'auteur, l'objet de son étude et de son admiration. Oubliant tout alors et docile aux seules impressions de la vérité, son émotion lui inspirait des accents que la complaisance ne saurait imiter, et dont les inimitiés les plus ardentes n'arrêtèrent jamais l'explosion.

Arago, dans ces circonstances, avait d'autant plus de mérite que, par nature très-sensible aux critiques, il souffrait avec impatience les moindres attaques, et savait rendre sa colère redoutable à ceux qui osaient l'exciter. Lorsque, ému par une insinuation blessante ou par une contradiction importune, il tournait son attention contre un adversaire, s'il le trouvait sans compétence ou sans autorité, il ne craignait ni de le dire ni de le prouver. Une conscience scientifique devait être bien irrépréhensible pour affronter sans imprudence son regard sûr et pénétrant, et son habileté à faire toucher du doigt les erreurs, en les montrant d'autant moins excusables qu'il les rendait plus évidentes. Plus d'un sont restés stigmatisés devant l'opinion par le tour énergique de ses jugements, sévères, piquants, amers, discourtois même, quand la colère s'en mêle, et pourtant sans appel.

La plus cruelle et la mieux réussie de ces représailles auxquelles Arago se laissait parfois emporter, est la lettre adressée à M. de Humboldt sur un savant dont les attaques l'avaient heurté, et qui, après avoir bien mérité de la science par de longs et patients travaux, avait osé aborder, dans un traité d'astronomie et de mécanique céleste, des questions difficiles et variées sans les avoir peut-être suffisamment approfondies.

L'impitoyable Arago, sévère jusqu'à la minutie, saisit cet avantage en signalant et démontrant chaque erreur avec une verve écrasante et une irréfutable précision : « En parcourant, dit-il, le premier chapitre du *Précis d'Astronomie* de M. X..., je faisais une corne à chaque feuillet où je voyais plusieurs grosses erreurs. Ne voilà-t-il pas que tous les feuillets sans exception ont deux cornes, une pour le verso, l'autre pour le recto! Il faut donc que je m'arrête, sauf à reprendre cet inépuisable sujet si les circonstances l'exigent. » Et, dans un autre passage, par une saillie non moins injurieuse que spirituelle, après avoir relevé une erreur grave, que, dit-il, nos élèves des écoles primaires ne commettraient plus aujourd'hui, il ajoute malicieusement en note : « La ville de Paris vient de fonder une excellente école supérieure dirigée par M. Goubaux : *on y est reçu à tout âge.* »

Chaque lundi, Arago se rendait à l'Institut plusieurs heures avant la séance pour entendre, sur les points restés obscurs, les auteurs des mémoires qu'il devait analyser. Presque tous profitaient avec empressement du libre accès qu'il leur accordait. Il les recevait avec une aimable et familière simplicité. Rien de plus prévenant que ses manières, de plus affable que son accueil. Sans roideur et sans gravité inutiles, il savait écouter avant de répondre, s'accommodant à tous les esprits, et parlant à chacun son langage. Il disait sans hésiter sa première et presque toujours droite impression, en s'appuyant sur de solides et judicieuses remarques. Toujours prêt à traiter à fond les questions les plus délicates, il satisfaisait dans le moment même à toutes les difficultés, et, sans chercher à étaler sa science, ou à mettre les gens à l'étroit en les rangeant sous sa dépendance, il laissait chacun marcher dans sa voie, en dirigeant par quelques avis succincts, mais très-importants, les pas incertains ou inexpérimentés.

L'Académie, qu'il animait par son influence, ne se lassait pas de l'entendre. Lorsque, après les brillantes expositions de chaque semaine, il consentait à se charger d'un rapport écrit et officiel, c'était à la fois un honneur pour le savant qui en était l'objet, et une joie pour l'Académie. Nos Comptes rendus contiennent de lui de nombreux rapports qui sont des chefs-d'œuvre et des modèles. Les questions sur lesquelles il aimait à s'étendre étaient surtout celles qui se rapportent à la météorologie et à la physique du globe. Les instructions rédigées par lui pour les voyageurs, et les rapports sur les résultats de leurs missions, forment un des volumes les plus intéressants de ses œuvres.

La préface, placée en tête de ses travaux divers, montre assez bien, avec ses qualités et ses défauts, le ton qui lui était très-habituel, et le genre des tours ingénieux qu'il a souvent employés :

« J'ai lu quelque part que certain personnage se lamen-
« tait un jour devant d'Alembert de ce que l'*Encyclopédie*
« avait acquis une si vaste étendue. —Vous auriez été bien
« plus à plaindre, repartit le philosophe, si nous avions
« une encyclopédie négative (une encyclopédie contenant la
« simple indication des choses que nous ignorons) : dans ce

« cas, cent volumes in-folio n'auraient certainement pas suffi.

« La réponse, je l'avouerai, m'avait paru jusqu'ici plus
« piquante que juste. Les progrès des connaissances hu-
« maines nous montrent chaque jour, il est vrai, combien
« nos prédécesseurs étaient ignorants; combien, à notre
« tour, nous le paraîtrons à ceux qui doivent nous rem-
« placer; mais la plupart des grandes découvertes arrivent
« spontanément, sans qu'il ait été donné à personne de les
« prévoir, de les soupçonner. Ainsi, pour citer seulement
« trois ou quatre exemples, l'Encyclopédie négative de d'A-
« lembert n'aurait pas même renfermé l'allusion la plus
« éloignée à cette branche de la physique moderne, déjà
« si importante, si féconde, si développée, qui est connue
« aujourd'hui sous le nom de *galvanisme*, ou plus convena-
« blement encore sous celui d'*électricité voltaïque*. Ainsi,
« ce monde de phénomènes auquel la polarisation de la
« lumière donne naissance, quand on l'envisage dans ses
« rapports avec la réflexion, avec la réfraction ordinaire, et
« avec l'action des lames cristallisées, n'y serait pas seule-
« ment indiqué. Ainsi cette théorie des interférences lumi-
« neuses, où l'étrangeté des résultats le dispute à leur va-
« riété infinie, n'y aurait pas occupé une seule ligne, etc.

« Avouons-le cependant; à côté des rares et grandes dé-
« couvertes qui, de temps à autre, viennent tout à coup ou
« du moins sans préparation visible, renouveler certaines
« faces des sciences, il y a des questions importantes, bien
« définies, bien caractérisées, et qu'on peut, avec confiance,
« recommander aux observateurs. »

La réputation et la popularité de l'éloquent secrétaire
s'accrurent encore par la lecture solennelle des biographies

auxquelles il refusa toujours le nom d'éloges qui répugnait à sa droiture. Loin de se faire le panégyriste aveugle des hommes éminents dont il avait à raconter l'histoire, Arago ne s'astreignait qu'à dire sincèrement la vérité sans exagération et sans déguisement. La mesure des louanges qu'il accorde est celle de son admiration, et tous ses jugements sans exception sont fortement et consciencieusement motivés. La première de ces notices fut consacrée à son illustre collaborateur et ami bien regretté Fresnel. L'illustre physicien, dans sa courte carrière, n'avait vécu que pour la science, et sa biographie est une des plus belles, des plus sévères et la plus scientifique sans contredit qu'Arago ait prononcée. Jamais questions plus hautes et plus délicates n'ont été présentées plus distinctement et traitées d'une manière plus savante et plus claire. L'intelligence de raisonnements si nouveaux et si subtils, qui semble impossible à des esprits non préparés, devient simple et facile, au contraire, à la lecture de ces pages brillantes et solides.

L'émotion était plus profonde et l'effet produit bien plus grand encore, lorsqu'à l'intérêt scientifique, rehaussé par l'élévation des pensées et des sentiments, Arago ajoutait le charme d'une admirable et émouvante diction.

Il avait tous les talents et les qualités extérieures d'un grand orateur. Sa mâle physionomie, sa mine relevée, son air d'autorité, ses yeux altiers, sa tête admirablement belle et brillante d'intelligence, exprimaient avec une égale énergie l'amour du beau et du bien, l'indignation contre le mal et la majesté intérieure d'une irréprochable conscience. Sa voix était vibrante; son geste, spontané et impérieux, commandait l'attention et accroissait encore la clarté de sa parole, qui, simple et élevée tour à tour, restait toujours lumineuse et colorée.

Arago se plaça dès la première épreuve parmi les plus grands maîtres du genre; il obtint en même temps un succès d'une autre nature, qu'il n'avait pas cherché cette fois et qu'il n'attendait pas. La séance avait lieu le 26 juillet 1830. Arago venait de lire dans *le Moniteur* les ordonnances qui firent éclater la révolution; il comprit à l'instant les conséquences d'un tel acte, et, les considérant comme un malheur national, il avait résolu de ne prendre aucune part à la solennité pour laquelle le public était convoqué. Il se proposait d'annoncer la révolution dans ces lignes, qu'il communiqua à quelques confrères :

« Si vous avez lu *le Moniteur*, vos pensées doivent sans doute être empreintes d'une profonde tristesse, et vous ne devez pas être étonnés que moi-même je n'aie pas assez de tranquillité d'esprit pour vouloir prendre part à cette cérémonie. »

Mais des difficultés s'élevèrent de toutes parts; à la suite d'un tel éclat, l'Institut, lui disait-on, pouvait être supprimé. Avait-il le droit de provoquer une telle catastrophe? Il céda aux instances de ses confrères, mais sans consentir à supprimer une seule ligne de l'éloge qui, la veille, avait paru irréprochable et qui, dans toute autre circonstance, devait l'être aux yeux des plus intolérants.

« Fresnel, disait-il en racontant la jeunesse de son ami, s'associa vivement aux espérances que le retour des Bourbons faisait naître en 1814. La Charte exécutée, sans arrière-pensée, lui paraissait renfermer tous les germes d'une sage liberté. »

Et plus loin, à l'occasion d'une place refusée à Fresnel, qui s'était montré trop indépendant dans ses opinions :

« Lorsqu'un ministre se croit, disait-il, obligé à demander à un examinateur en matière de sciences, non des preuves d'incorruptibilité et de savoir, mais l'assurance que, s'il devenait député, il n'irait pas s'asseoir à côté de Camille Jordan, un bon citoyen pouvait craindre que notre avenir ne fût pas exempt d'orages. »

L'intention et la portée des frénétiques applaudissements qui accueillaient ces passages ne pouvaient échapper à personne.

« Dieu veuille, dit le duc de Raguse au jeune secrétaire perpétuel, que je n'aie pas demain à aller chercher de vos nouvelles à Vincennes ! »

Marmont, le lendemain, avait bien autre chose à faire, et, trois jours après, la révolution appelait au pouvoir des amis intimes et dévoués d'Arago. Il était connu et aimé du nouveau roi. Pour obtenir les plus hautes faveurs et s'élever aux premiers honneurs, il lui eût suffi de ne pas s'y refuser; mais Arago ne désirait que la pure gloire de savant. Le titre d'académicien avait été sa seule ambition; il aurait aimé à n'en pas accepter d'autres. Désireux cependant d'être utile, il sollicita et obtint bien aisément les fonctions gratuites de député des Pyrénées-Orientales et de conseiller municipal de la ville de Paris.

Je n'ai pas à raconter le rôle important qu'il a joué dans cette nouvelle carrière. L'esprit d'Arago était de ceux qui peuvent briller dans les assemblées les plus diverses. Il retrouva plus d'une fois à la tribune les applaudissements chaleureux qui suivaient partout sa voix. Son opposition, souvent très-vive, fut toujours loyale, et ses adversaires, en redoutant l'éclat de sa parole et l'autorité de son nom, ont toujours honoré en lui le désintéressement le plus absolu et la plus incorruptible droiture.

En entrant dans ce nouveau monde, Arago regarda d'abord en observateur curieux ce mouvement, cet empressement, cet orgueil, ces vanités, ces bassesses et ces passions qui, grandissant sans cesse, font tout oublier, jusqu'au bien public qui les a fait naître.

Le rôle de spectateur ne pouvait convenir longtemps à sa nature ardente. Arago se mêla activement de toutes les affaires publiques. *Ce breuvage charmé qui enivre les plus sobres* lui devint bientôt nécessaire, et, malgré bien des dégoûts, il n'y voulut plus renoncer. La faveur populaire fut pour lui sans inconstance; mais, en cédant à ses séductions et en se laissant conduire à cet attrait, il ne permettait pas à son esprit de s'y attacher tout entier.

Il savait au besoin s'en déprendre et s'élever au-dessus de ces intérêts passagers, en prodiguant de tous côtés son travail sans en être jamais accablé. Les brillantes qualités de son esprit ne donnaient l'exclusion à aucun genre de mérite. Libre des empressements et des songes inquiets de l'ambition, quel que fût le tumulte et l'embarras des affaires, ses devoirs de député ne lui firent jamais négliger ceux de secrétaire perpétuel. Son activité suffisait à tout, et la multiplicité des travaux obligatoires ne pouvait même éteindre le feu naturel de son esprit inventif. Il trouvait le moyen de ménager le temps nécessaire pour suivre d'importantes expériences. La puissance d'inventeur était restée chez lui abondante et forte comme aux jours de sa jeunesse. Son esprit actif et fécond formait d'admirables projets d'expérience; de grandes découvertes étaient entrevues pour être non pas abandonnées, mais différées. N'ayant jamais connu ni la fatigue ni l'insuccès, il croyait à la réalisation prochaine de ces travaux et se plaisait à les préparer, jusqu'au jour où ses forces abattues lui firent comprendre qu'il n'en pourrait plus supporter la fatigue, et que l'état de sa vue, en y apportant un dernier et irrémédiable empêchement, ne permettait plus au savant d'oublier dans le travail les chagrins et les déceptions de l'homme politique. La conduite d'Arago fut alors, comme dans toutes les circonstances de sa vie, aussi simple que droite et généreuse.

Vers le milieu de 1838, à l'occasion d'une candidature, Arago faisant valoir avec son ardeur habituelle les titres éminents de l'illustre physicien anglais Wheatstone, avait insisté sur l'originalité et l'importance de l'ingénieux appareil au moyen duquel, à l'aide d'un miroir tournant, il avait cherché la vitesse de l'électricité.

Le miroir de M. Wheatstone faisait huit cents tours par seconde; en lui faisant réfléchir trois étincelles excitées en trois points différents d'un long circuit replié sur lui-même, leurs images dans ce miroir devaient former la même figure que leurs positions véritables, ou une figure toute différente, suivant que leur émission simultanée les fait réfléchir à un même instant sur une seule et même position du miroir, ou à des intervalles, si petits qu'ils soient, par lesquels le miroir, dans sa rapide rotation, a dû prendre des positions différentes. L'expérience est disposée de telle sorte que, dans le cas d'une propagation infiniment rapide, les trois images doivent former, comme les étincelles elles-mêmes, une ligne droite verticale, dont la déviation et la déformation sont liées à la vitesse de propagation et doivent servir à l'apprécier.

Arago, vivement frappé par cette méthode ingénieuse, en avait prévu, avec sa pénétration habituelle, les grandes et importantes applications. Peu de semaines après, et comme pour justifier les louanges accordées au nouveau principe, Arago démontrait à l'Académie la possibilité de l'utiliser pour une expérience d'optique décisive dans la lutte entre la théorie de l'émission et celle des ondulations. Dans l'une en effet, celle de l'émission, l'explication du phénomène de la réfraction exige que la lumière se meuve plus rapidement dans le milieu le plus réfringent, et le rapport des vitesses est celui des indices de réfraction ; le contraire est nécessaire dans la théorie des ondulations, et le rapport doit être renversé, en sorte que, si la première théorie est exacte, la vitesse de la lumière dans l'air est les trois quarts de la vitesse dans l'eau, et la théorie des ondulations exige au contraire qu'elle en soit les quatre tiers.

Un rayon de lumière est-il accéléré ou retardé, quand il traverse en moins d'un dix-millionième de seconde une colonne d'eau de quelques mètres de longueur ? Ne semble-t-il pas que la solution directe d'une telle question surpasse l'esprit humain et qu'il faudrait, pour la résoudre nettement, porter l'habileté jusqu'au miracle ?

Tel est cependant le projet qu'Arago eut la hardiesse de concevoir. Supposons, dit-il, qu'une ligne verticale lumineuse brille instantanément et envoie des rayons à un miroir tournant. Si l'expérience est disposée de telle sorte que les rayons issus de la partie supérieure de la ligne cheminent librement à travers l'air, tandis que ceux de la partie inférieure ont à traverser une colonne d'eau de vingt-huit mètres de longueur; selon que l'une ou l'autre théorie est exacte, ceux-ci sont accélérés ou retardés et viendront frapper le miroir un quarante-millionième de seconde environ avant ou après les autres. Mais la déviation de celui-ci, égale dans ce temps à une demi-minute de degré, déplace alors leur image en produisant une déformation dont le sens indiquera, par un signe clair et visible, si le passage des rayons à travers le liquide les retarde ou les accélère.

L'idée était aussi ingénieuse que neuve, aussi simple que hardie, mais les difficultés de réalisation pouvaient sembler insurmontables. M. Breguet, ami d'Arago et son confrère au bureau des longitudes, avait pris beaucoup de peine et déployé une grande habileté pour construire un miroir tournant qui faisait régulièrement les mille tours par seconde qu'Arago avait désirés.

L'appareil était monté, on avait tenté l'expérience, mais les observateurs n'avaient rien vu. Le trait lumineux, dont l'image, divisée en deux parties, devait servir à tout décider, ne devait, dans la méthode d'Arago, durer qu'un instant inappréciable, et une étincelle électrique excitée entre deux conducteurs était chargée de le produire. C'est sur le hasard qu'il comptait pour amener, en ce moment même, le miroir dans la position propre à renvoyer le rayon vers la lunette braquée pour le recevoir. Mais, loin de distinguer les deux parties de l'image, on ne parvenait pas même à les entrevoir ; la probabilité d'un tel concours était trop petite; bien des journées d'essais infructueux n'amenaient que des mécomptes. Les amis qui aidaient Arago se décourageaient peu à peu. Seul, il ne perdait pas espoir; mais l'état de sa vue et de sa santé ne lui permettait plus de se livrer à un travail assidu, ni de diriger celui des autres. L'instrument restait abandonné, et malgré la netteté des explications, beaucoup de physiciens ne regardaient plus le projet que comme une ingénieuse et brillante chimère. D'autres, plus confiants et plus perspicaces, nourrissaient la ferme espérance de l'accomplir, en hésitant toutefois à suivre une idée dont l'auteur n'avait pas dit son dernier mot.

Toujours libéral et heureux d'exciter les découvertes d'autrui, Arago, instruit de ces projets, vint à l'Académie avec cet esprit d'abnégation qu'il porta dans toute sa carrière, les encourager publiquement en leur donnant son plein assentiment : « Je ne peux, disait-il, dans l'état actuel de ma vue, qu'accompagner de mes vœux les expérimentateurs qui veulent suivre mes idées. »

Dès la séance suivante, l'expérience était faite. M. Foucault en avait écarté toutes les difficultés et surmonté tous les empêchements. Une disposition ingénieuse et très-simple lui permettait de substituer à la lumière instantanée demandée par Arago une source continue de lumière, et de renvoyer les images dans une direction fixe indépendante de la position du miroir tournant. L'expérience, exécutée avec une admirable perfection, faisait naître la déviation dans le sens si audacieusement prévu par Arago, et pouvait la montrer à tous les yeux. La colonne d'eau interposée retarde donc la marche du rayon qui la traversée. Les prévisions d'Arago étaient pleinement confirmées, et le système des ondulations recevait, après tant d'autres preuves théoriques, une confirmation décisive et presque directe.

La joie pure et sans arrière-pensée que causa à Arago le

succès de cette grande expérience fut une des dernières qui lui aient été accordées. Sa santé était profondément altérée, et l'affaiblissement continuel de sa vue le menaçait d'une cécité complète. Ses jambes pouvaient à peine le soutenir. Lorsque les médecins l'envoyèrent chercher dans le repos et dans l'influence de l'air natal un soulagement à des maux pour lesquels ils n'espéraient pas de guérison, Arago, en cédant à leurs instances, ne se faisait aucune illusion. Il se laissa traîner dans ces belles contrées avec une courageuse résignation. Mais, sentant bientôt après ses forces défaillir de plus en plus, il voulut revenir à Paris, revoir encore l'Académie des sciences et lui faire lui-même ses adieux. Le 22 août 1853, il remplit pour la dernière fois les fonctions de secrétaire. Le 2 octobre suivant, en se réunissant, l'Académie apprit qu'il avait succombé le matin même. Ce jour-là elle ne tint pas séance. On se sépara en silence et spontanément, sans qu'aucune proposition eût été faite ou acceptée. La perte qui affligeait la France entière était pour l'Académie un véritable deuil de famille.

DISCOURS

DE M. MICHEL CHEVALIER

Membre de l'Académie des Sciences morales et politiques

Prononcé au nom de l'École Polytechnique.

Messieurs,

Mon excellent ami, votre honorable député, m'a mis en demeure de prendre la parole. Mais j'éprouve un extrême embarras : après son discours et après celui de mon savant confrère, M. Bertrand, que me reste-t-il à dire? Ils ont tout moissonné, ils ne m'ont rien laissé à glaner. Ils vous ont dépeint, dans un style entraînant, tous les aspects du héros de la fête. Ils vous ont détaillé sa vie politique et sa vie scientifique, les qualités de l'homme public et celles de l'homme privé. Ils vous ont signalé les périls qu'il courut dans ses voyages pour la science, et ceux qu'il brava noblement dans le paroxysme des discordes civiles, en 1831 et au mois de juin 1848. Que puis-je donc faire, si ce n'est de répéter ce qui vous a été déjà dit et mieux dit?

Élève de l'École polytechnique, à ce titre élève d'Arago, et membre du conseil de perfectionnement de cette grande école, je reprends en peu de mots ce que vous avez entendu sur les rapports d'Arago avec cette belle et patriotique institution. Il y a été professeur dès sa jeunesse; il l'est resté pendant vingt ans. Pendant près d'un quart de siècle, il a manié cette élite des générations successives, et il a laissé son empreinte sur l'esprit et le caractère de toutes ces promotions qui remplissent encore les services publics. Les autres professeurs se sont fait admirer et respecter des élèves; lui, en outre, s'en est fait aimer. Aussi, combien de conseils il a été appelé à donner! que d'existences il a dirigées! que d'aptitudes il a fait éclore et transformées en capacités! Combien de cœurs reconnaissants la nouvelle de sa mort n'a-t-elle pas remplis de deuil!

Arago, envisagé comme enfant de cette glorieuse mère, serait un beau sujet d'études. Il en a été un des fils bien-aimés, une sorte de Benjamin. Il y entra après s'être formé lui-même. Il s'y fit aussitôt remarquer de ses maîtres, parmi lesquels c'était une règle, une loi, de rechercher les élèves les mieux doués, afin de les pousser. Par le privilége de sa nature supérieure, il devint leur ami, et cette amitié lui porta bonheur. On vous l'a dit, à vingt-trois ans, grâce à l'assistance empressée et chaleureuse que reçurent de ces patrons éminents son savoir et ses services précoces, il avait l'honneur d'être membre de l'Institut. Il possédait ce titre qui, depuis l'origine, a été l'objet de l'ambition de tous les savants du monde civilisé, ce titre dont avait aimé à se parer le vainqueur de Rivoli, le négociateur de Campo-Formio, lorsqu'il était parti pour l'expédition d'Égypte, et dont il avait signé sa proclamation aux troupes au moment de l'embarquement. Ce fut ainsi que l'École polytechnique ouvrit à Arago la carrière scientifique par la grande porte. Pour lui, ce fut l'origine de la gloire la plus incontestée. Ce fut aussi la source des joies les plus pures. La carrière politique est toujours semée d'amertumes et de déceptions; tel qui y recueille de brillants succès, et que le vulgaire croit heureux, porte dans son cœur un ver rongeur. Il en est tout autrement de la carrière des sciences. C'est que les sciences élèvent l'esprit de l'homme jusques à des régions hautes et sereines que ne peuvent troubler les agitations de l'arène politique, que ne peuvent atteindre les traits les plus acérés des partis.

La politique donna à Arago le pouvoir porté jusqu'à la dictature. On peut douter qu'elle lui ait jamais donné le bonheur, excepté dans les deux instants où il put signer le décret du suffrage universel et celui qui fit tomber les fers des mains des esclaves; et encore, qui pourrait affirmer que, dans ces instants solennels, la satisfaction de l'homme de progrès, la joie de l'ami de l'humanité ne fût pas mêlée des craintes qu'occasionne la perspective de l'inconnu ! Elle aussi, la science, procura à Arago l'exercice du pouvoir. Il avait, parmi les savants, une autorité devant laquelle aucune protestation ne se faisait entendre, parce qu'elle naissait de la libre confiance de chacun. Arago, secrétaire perpétuel de l'Académie des sciences, était investi d'une souveraineté; c'était un gouvernement qui reposait sur une base solide, l'estime, le respect et l'affection des gouvernés, et non pas sur le sable mouvant de la faveur populaire.

Cet ascendant, qui a appartenu à Arago pendant toute sa vie, venait de ce qu'il offrait la variété la meilleure du type polytechnicien. L'éducation de l'École polytechnique porte celui qui la reçoit à aimer le vrai pour le vrai, la justice pour la justice, plus que pour les hommes que le vrai éclaire et dirige, que la justice couvre de son égide. Pour le polytechnicien en général, le bien et la vertu ne sont pas, comme pour le second Brutus, de vains noms; au contraire, il est prêt à s'y dévouer; pour lui, cependant, il semble que ce soient des entités abstraites, séparées des individus et des peuples en chair et en os qui se meuvent sur la planète. Chez lui, on remarque le désintéressement, l'esprit du devoir, la fermeté qui distinguaient dans l'antiquité l'école stoïque et qui la font justement admirer. Mais il est assez fréquent d'y rencontrer aussi l'impassibilité froide et la roideur systématique qui étaient de même propres au stoïcien et qui desséchaient chez lui la séve vitale. Dans l'âme du polytechnicien on dirait quelquefois que le raisonnement a étouffé ou mutilé le sentiment. Arago, au contraire, avait sauvé sa chaleur d'âme de l'étreinte glacée des sciences mathématiques. Il était resté sympathique, expansif, attrayant. C'est le secret de l'espèce de domination dont il a joui, et sous laquelle ses anciens compagnons, ses ci-devant camarades, se plaisaient à venir se ranger.

Comme savant, Arago a rendu à son pays et au monde d'immenses services qui vous ont été admirablement énumérés. Comme professeur, il n'a pas été moins utile. La démonstration lui sortait par tous les pores ; il exerçait sur tous ses auditeurs un charme irrésistible. Chez lui, le regard et le geste s'unissaient à la parole pour pénétrer dans l'intelligence de la foule qui se pressait sur les bancs pour l'écouter. Arago était un professeur du premier ordre pour inculquer à des esprits distingués le plus haut enseignement scientifique. Il était le plus parfait modèle dans cet autre enseignement qui se met à la portée du grand nombre. Pour populariser la science, il n'avait pas son pareil. A ce titre, il se recommande particulièrement à notre attention et à notre louange.

Nous sommes placés, messieurs, à l'entrée d'une période nouvelle de la civilisation, où les principes d'égalité et de liberté, revendiqués par nos pères et inscrits en caractères de feu sur le fronton de l'édifice social, doivent recevoir une application tellement vaste et si bien au profit de tous, qu'il n'aura jamais rien existé de pareil parmi les hommes. Les générations qui débutent, ou celles qui vont éclore, seront bien mieux pourvues en ce genre que celles qui nous ont précédés et que la nôtre; aussi bien, le mot de liberté acquerra un sens plus étendu que celui qu'il avait eu jusqu'à nous. Sans doute, les hommes aimeront toujours à être garantis contre l'exercice arbitraire du pouvoir, et ils auront toujours soin de prendre à cet égard de solides sûretés. Mais ils considéreront aussi que l'ignorance et les préjugés sont une forme de la tyrannie, un genre de la servitude. Ils auront à cœur de s'en affranchir, tout autant que du caprice ou des aberrations de l'autorité. Contemplez le mouvement dont notre patrie, dont toute l'Europe, et avec elle, l'immense espace occupé par les États-Unis, nous donnent aujourd'hui le satisfaisant tableau. Un des plus vifs objets des désirs des peuples, c'est de s'instruire; une des préoccupations ardentes des bons gouvernements, c'est de répandre l'instruction à pleines mains, et les bons citoyens concourent à cette œuvre, non-seulement par leurs cotisations volontaires, mais par leurs efforts personnels, en faisant eux-mêmes des conférences et des cours. C'est de la liberté et de l'égalité qui se préparent ainsi sur des proportions inconnues. C'est de la liberté et de l'égalité qui ne bouleverseront pas les États, qui les affermiront, au contraire, en fortifiant la moralité, en éclairant les esprits, en imprimant à la puissance productive des peuples une impulsion miraculeuse. Les hommes tels qu'Arago qui auront excellé dans cet art merveilleux de communiquer à leurs semblables le trésor de leurs connaissances par l'enseignement, ceux-là deviendront pour nos descendants ce qu'était dans le moyen âge une partie des saints qu'il était de mode de se proposer en exemple. Arago, professeur d'astronomie à l'Observatoire, sera cité alors tout comme l'on citait jadis tel moine qui, dans sa grotte de la Thébaïde, présentait le spectacle de l'ascétisme le plus rigoureux, ou qui méditait plus profondément qu'un autre sur le sens des livres sacrés.

Je ne sais si, sur le piédestal de la statue qui est devant nous, une inscription doit rappeler qu'Arago a été un professeur d'un mérite incomparable, un vulgarisateur sans pareil de ces mêmes sciences que son génie faisait progresser; mais je prends la liberté d'en exprimer le vœu, parce que ce qu'il convient de signaler sur les monuments qu'on érige à la gloire des grands hommes, ce sont, peut-être, moins les qualités qui ont séduit leurs contemporains, que celles que la postérité doit priser le plus et qu'elle devra rechercher davantage pour son bien et pour sa grandeur.

www.ingramcontent.com/pod-product-compliance
Lightning Source LLC
Chambersburg PA
CBHW060945050426
42453CB00009B/1125